LES 363

M. GAMBETTA LEUR CHEF

DEÚXIÈME LETTRE AUX ÉLECTEURS

Par Jean BONHOMME

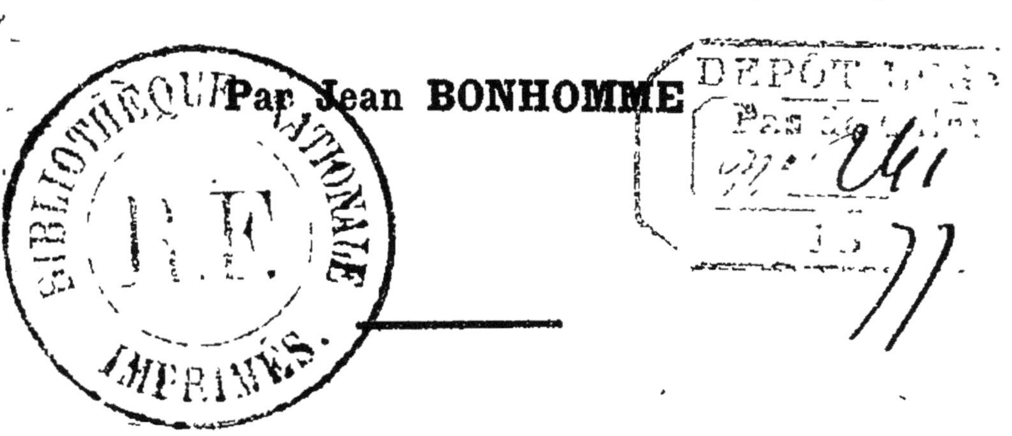

SAINT-OMER

TYP. ET LITH. DE H. D'HOMONT, RUE DES TRIBUNAUX, 4

1877

LES 363

M. GAMBETTA LEUR CHEF

DEUXIÈME LETTRE AUX ÉLECTEURS

J'ai dit dans une première lettre pourquoi, à mon idée, nous avions des élections à faire cette année. J'ai montré comment la majorité des députés, que le pays avait envoyés de bonne foi à la Chambre pour aider le maréchal de Mac-Mahon à nous relever, n'avait rien fait que le contrarier, mettre des bâtons dans les roues, crier à tue-tête contre son gouvernement, contre ses ministres, tous depuis le premier jusqu'au dernier.

En fin de compte le maréchal, qui n'aimait pas à voir écarteler ainsi l'autorité, a renvoyé les députés chez eux et demande au pays de lui en donner d'autres qui veulent sérieusement se mettre à l'œuvre et faire de la bonne besogne.

Cette majorité donc, qui en veut autant au maréchal qu'aux ministres, quoi qu'elle en dise aujourd'hui, et qui en veut encore plus aux bonnes places qu'au maréchal, se composait de 363 députés dont le dernier vote a été la déclaration de guerre la plus ouverte à ce que le maréchal avait fait.

C'est à cause de ce chiffre qu'on les appelle aujourd'hui plus simplement *les 363*. Cela signifie : les adversaires du maréchal et de son gouvernement. Ça n'a pas d'autre sens. Ils ont beau crier le contraire aujourd'hui qu'ils se voient en faux chemin. Au lendemain du 16 mai, quand le maréchal a remercié Jules Simon, comme au 19 juin, quand ils ont fait ce fameux vote où ils se sont comptés, ils n'ont pas caché leur pensée.

Eh bien ! c'est de ces **363** que je voudrais parler. J'en aurais beaucoup à dire : ils en ont tant fait. J'y mettrai plusieurs lettres pour ne pas être trop long aujourd'hui, et surtout je ne ferai que répéter ce qu'ils ont dit eux-mêmes dans leurs discours, et dans les journaux qu'ils nous envoient. Après tout, s'ils nous en font cadeau, c'est pour que nous les lisions et que nous en parlions.

Aujourd'hui je m'occuperai d'un seul de leurs chefs. Je mets le mot au pluriel, parce qu'il y a dans ce tripotage deux têtes : une qui a pris le dessus d'abord et qui s'appelle Gambetta, puis une autre qu'on a jetée en avant, parce que la première, en inspirant une légitime frayeur, faisait au parti plus de tort que de bien : celle-là s'appelle Thiers.

Les autres lettres entreront dans des détails plus particuliers.

Je disais donc qu'il y avait deux têtes, l'une qui est la vraie, l'autre qui est le masque.

A tout seigneur, tout honneur ; commençons par Gambetta.

—

C'est lui qui a monté le coup ; c'est lui qui a attaché le grelot ; c'est lui qui veut la place. Il est le commencement et veut être la fin. S'il cherche à mettre M. Thiers au milieu, c'est parce qu'il a peur qu'on ne se souvienne trop de 1870 et de 1871, de ce qu'il a fait en ce moment-là, et qu'on ne recule devant son nom.

La preuve que c'est bien lui le boute-en-train de l'affaire, je la trouve dans les journaux du parti :

Commençons par les plus doux.

Le *Petit parisien* était un des organes de M. Jules Simon. Dans les derniers jours de son ministère M. Jules Simon sentait si bien qu'il était sous les griffes de Gambetta et ses gens le sentaient si bien avec lui, que le *Petit parisien* demandait en grâce à Gambetta de « ne pas faire sentir *trop durement son joug* au vice-président du conseil. »

Le *XIXe Siècle*, qui n'en était pas tout à fait bien aise, disait avec tristesse :

« Le secours de M. Gambetta, tout sym-

» pathique et désintéressé qu'il est, *laisse
» nos gouvernants dans une sorte* DE DÉPEN-
» DANCE. »

Le *Siècle* confessait que la dirétion des
affaires était passée aux mains de M. Gambetta :

« Nous ne croyons pas qu'il ait, en aucun
» moment, aussi complètement répondu à
» l'attente universelle, ni, pour tout dire,
» *qu'aucun homme ait jamais exercé à* CE
» POINT CETTE MAGISTRATURE *morale qui
» appartient aux gouvernements et que le ca-
» binet avait, la veille,* LAISSÉ CHOIR *de
» ses mains.* »

Le *Radical* y allait plus carrément encore
et disait :

« M. Gambetta représente la majorité de
» la Chambre des députés.
» C'est son ordre du jour qui a été adopté.
» *C'est sur lui, l'auteur de la Constitution
» du 22 février que retombe la responsabilité
» de la situation actuelle.* »
« C'est A LUI, CHEF DES GAUCHES, *qu'il ap-
» partient de nous en tirer.* »

Peut-on s'expliquer plus clairement ?

Enfin, la *République française*, le journal à Gambetta, celui-là ne se tenait plus de joie ; c'était chez lui de l'exaltation, de l'ivresse.

Ecoutez plutôt :

« *Le résultat politique de la journée est dû* » **TOUT ENTIER A M. GAM-** » **BETTA**. *C'est lui qui, dans* L'ADMIRABLE » DISCOURS *que la France et* L'EUROPE *liront* » *demain*, a su traduire les sentiments et la » pensée de la majorité parlementaire. » *C'est le point de départ d'une politique* » *nouvelle*, qui sera la *vraie politique républi-* « *caine, démocratique et française.* »

J'avais donc bien raison de dire qu'en réalité c'est Gambetta, le chef, la tête du parti.

De M. Thiers, il n'en est pas question au début.

L'ancien président ne pouvait que gêner, et l'on ne voulait pas s'embarrasser tout d'abord d'un prétendant par trop dangereux.

Quelques jours après quand le parti de Gambetta eut bien constaté qu'avec un pareil nom à sa tête, il ne pouvait que se fourvoyer, vite, il a changé de tactique.

On a mis une petite sourdine à la voix trop ronflante de l'ex-dictateur, et la machine radicale a rendu le son aigre- doux de « l'illustre vieillard. »

Voilà le jeu.

Cela posé qu'est-ce que donc que Gambetta ? Quelles sont ses idées ? quelles sont ses vues ?

Autant de questions, autant de réponses.

CE QUE C'EST QUE M. GAMBETTA ?

Voici son portrait fait de main de maîtres.

M. Thiers l'a appelé « *un fou furieux.* » Oui dà ! c'est M. Thiers qui l'a baptisé de ce nom.

Le citoyen Lanfrey, un républicain aussi, a qualifié le gouvernement de Gambetta, en 1870-1871, de « *dictature de l'*INCAPACITÉ. »

Voilà tous des compliments d'autant mieux mérités, qu'ils viennent de copains, plus à même du connaître le *quidam.*

Et ce n'est pas tout. Quand tous ces républicains sont là bien installés, il n'y a pas de gracieusetés qu'ils ne se fassent ; mais sitôt que l'un d'eux dégringole sous la table, tous les autres lui tombent dessus et mon Dieu ! il se venge comme il peut.

C'est comme ça que tout dernièrement, un des 363, l'ex-député Ordinaire, lâché d'un cran par Gambetta, lui a servi son petit plat à la sauce du jour, légèrement poivrée.

Ce député mécontent d'avoir à se démêler avec la justice et surtout de se trouver repoussé par le chef de la bande, a fait de l'ancien dictateur, un petit portrait d'ami.

Ce portrait le voici :

« M. Gambetta était un étudiant du quartier latin, sans sou ni maille, cherchant des causes et sa voie sur les marches du palais de justice. - De temps en temps M. Laurier, qui l'aimait beaucoup, payait ses voyages, et c'est dans une de ces pérégrinations que le républicain farouche et infaillible d'aujourd'hui, fut l'hôte de la famille d'Orléans.

» A présent, il est riche, il a un hôtel, un équipage, il joue vingt-cinq louis à l'écarté, à la bouillotte ou au baccarat, et il a une suite nombreuse de courtisans, qu'il traite, du reste, comme ils méritent avec la dernière insolence ; il paraît dépenser 100,000 francs par an, rit bien haut, engraisse, et considère ses subordonnés et ses flatteurs comme des imbéciles.

» Il y a loin de l'époque où pauvre, dévoré de l'ambition de parvenir et de jouir, il lançait les foudres de son éloquence contre l'empire et la période que nous traversons! Maintenant le tribun d'autrefois cherche à consolider sa fortune, à préparer son avénement à la présidence, ou même, si un accident survenait, à ne pas rendre impossible sa place dans le ministère d'une monarchie.

» Fin comme un Génois, pour sauvegarder ses intérêts personnels, il a toujours mal gouverné la barque de la démocratie ; et je ne sais par suite de quelle aberration, de quelle illusion, certains personnages sont arrivés à lui faire une réputation d'habileté incomparable, à le proclamer un homme d'Etat digne du cardinal Richelieu.

» Les circonstances l'ont favorisé et l'ont imposé à la première place, au 4 septembre, après avoir refusé d'installer la république au 12 août 1870, préférant attendre le désastre de Sed n. A cette date même, il n'était pas le partisan d'un changement de gouvernement. »

Maintenant que vous connaissez l'homme, pauvre diable dans le temps, millionnaire anjourd'hui, quoique républicain, ne vous demandez pas où il a fait sa fortune. On ne peut pas dire que c'est en plaidant comme avocat ; on ne peut guère présumer que ce soit avec ses 25 francs par jour comme député ; ce n'est pas non plus avec ses appointements *réguliers* de ministre de-ci, de ministre de-ça, parce qu'en supposant même qu'à lui tout seul, il aurait touché les appointements de trois ministères, ça ne lui ferait même pas 100.000 francs pour ses cinq mois, Il y a là, à mon avis quelque chose de drôle : aussi bien je pourrai en toucher un mot une autre fois.

Je viens donc de vous servir un portrait du citoyen Gambetta. Si la peinture n'est pas flatteuse, ce n'est pas vraiment ma faute. Je n'ai fait que répéter ce qu'ont dit de lui ses propres amis.

J'ai promis de vous dire aussi ce que Gambetta pense en matière politique.

D'abord je dois insister encore pour bien faire comprendre que je ne tire rien de ma cervelle, mais que je prends tous mes renseignements à bonne source, puisque je m'en rapporte uniquement à ce que disent les gens de son bord.

Les idées politiques de Gambetta se trouvent réunies dans ce qu'on appelle le *contrat de Belleville*. Il faut que je vous explique cela.

Vous vous rappelez qu'en 1869, l'année avant la guerre, on a fait en France des élections législatives. Dans ce temps-là comme aujourd'hui, les candidats faisaient des professions de foi, dans lesquelles ils disaient clairement ou pas du tout clairement leurs opinions.

Gambetta a voulu mieux faire, et pour être député, il a demandé à ses électeurs de lui exposer leurs vues, leurs idées, se chargeant de les représenter. Il appelait cela « *contracter* (faire un contrat) *publiquement, sous l'œil de tous.* »

Tout en ne faisant soi-disant pas de programme, il se disait : « *démocrate radical* », il posait en principe, naturellement, « *la souveraineté du peuple* ORGANISÉE *d'une manière intégrale et complète* », ajoutant qu'il en faut tout déduire ; ce qui signifie que toutes les institutions, lois, etc., dépendent du suffrage universel. Alors les radicaux de son bord (puisqu'ils l'ont nommé et qu'il a accepté) lui ont fait connaître leurs conditions, et ces conditions forment ce qu'on appelle le *contrat de Belleville.*

Finissons l'histoire.

Plus tard, Gambetta devint dictateur on ne sait en vertu de quel droit, puis riche on ne sait trop comment. Interrogé de nouveau l'an dernier par les Bellevillois qui le tenaient à l'œil, qui le soupçonnaient même de couardise (parce que dans ce moment-là Gambetta faisait le gros dos pour avoir les caresses des braves gens), il a répondu *publiquement* que le contrat tenait toujours.

Eh bien ! puisque le contrat tient toujours, c'est là qu'il faut chercher la pensée politique de Gambetta. Aussi bien, s'il venait à biaiser là-dessus, les camarades sauraient bien le ramener dans le chemin.

Or donc, Gambetta veut :

1º *La* DÉMOCRATIE RADICALE et *l'application* RADICALE *du suffrage universel,* c'est-à-dire la toute-puissance du scrutin en toutes choses. Par conséquent on doit nommer à l'élection les juges, les procureurs, les commissaires, les gendarmes, les officiers, les généraux, qui sait? peut-être aussi les gardiens des prisons.

Voyez-vous d'ici ces procureurs nommés par le *peup'* en train de faire un réquisitoire et se demandant s'ils ne vont pas perdre des voix et manquer leur élection, parce qu'ils doivent tomber sur le dos d'un banqueroutier? Et ces gendarmes faisant de la propagande pour eux en fermant les yeux sur un empoisonnement, un meurtre, un délit de braconnage ou un attentat à la pudeur.

Le beau pays que ça ferait !

2° *Les délits politiques de* TOUT ORDRE *déférés au jury.* Cela signifie que si j'écris dans un journal que Monsieur un tel, chef du pouvoir, est un tyran, que tout bon citoyen doit, s'il le rencontre, lui envoyer une balle dans la tête, eh bien ! je serai jugé en cour d'assises, de sorte que si par hasard la majorité des jurés est de mon avis, je sortirai acquitté ; tandis que vous, si vous dites de Jean ou de Jacques, c'est un escroc, on vous enverra en correctionnelle où les juges, le Code à la main, ne s'occuperont pas si vous êtes rouge ou blanc, mais constateront le délit et appliqueront la loi.

Quel beau système !

Aussi Gambetta demande en même temps *la liberté de la presse* DANS TOUTE SA PLÉNITUDE, ce qui signifie que si vous, vous n'avez pas le droit de dire tout haut ce que vous pensez, parce que ça pourrait chatouiller les oreilles de quelqu'un, moi je pourrai écrire dans un journal *tout* ce que je voudrai. Pourquoi? parce que si vous dites des bêtises ou des méchancetés, une dizaine de personnes au plus les entendront, tandis que moi, 2, 3, 4, 10, 30, 100 mille personnes peut-être liront les miennes. Ça c'est comme les voleurs qu'on pince pour cent sous, et qu'on laisse courir s'ils ont pris des millions. Ça dépend des points de vue !

3° Gambetta veut encore *la liberté de réunion sans entrave, avec la faculté de discuter* TOUTE MATIÈRE *religieuse, philosophique, politique et* SOCIALE. Ça c'est bête, ni plus ni moins. Et la preuve, c'est que si je suis toqué, si je crois que la meilleure société est celle dans laquelle il n'y a ni juges, ni gendarmes, ni propriétaires, ni famille, ni autorité ; que je m'amuse à dire ça à tous les voyous sans foi ni loi, à tous les échappés du bagne, et cela au nez et à la barbe des commissaires de police et des gendarmes, sans qu'ils puissent me faire taire, eh bien ! foi de Jean Bonhomme, il faudrait parler bien mal pour ne pas amener en deux temps et trois mouvements tous les *meurt-faim* de France et de Navarre à faire sauter les écus du voisin et la tête des agents de la force publique.

4° *La suppression du budget des cultes et la séparation des églises et de l'Etat.* Voilà le dada. Tous ces gens-là ne tiennent pas à la religion, ça les gêne. On dit pourtant que ça ne gêne pas ceux qui se conduisent bien.

Mais soit ; Gambetta veut bien qu'on lui donne de l'argent pour parler et dire à la Chambre des bêtises aussi bien que le reste ; mais la religion ! bah ! on exige tant de choses pour une absolution !!!

5e *La suppression des impôts.* Voilà le chiendent ! comme dit le proverbe. C'est cela qui est huppé. *Plus d'impôts !*

Faut-il être blagueur ! et avec quoi donc paiera-t-on 25 francs par jour à monsieur Gambetta ! Car il y tient à ses 25 francs ; il y tenait surtout dans le temps où il n'était pas millionnaire, et ce n'est pas. déjà si vieux !

Plus d'impôts ! c'est comme si on disait au pauvre ouvrier, à moi Jean Bonhomme comme aux autres : Plus de travail ! Les alouettes toutes rôties dans la bouche, du vin fin à tous les repas, et cela sans rien faire. C'est la même blague !

Et dire que ça prend dans certaines têtes !

6° *La suppression des armées permanentes !!!* Plus d'armée, plus de soldat ! tout pour la gloire ! C'est comme ça qu'on parle quand on a un verre d'absinthe en trop dans la tête. Et ces gens-là chantent la *Marseillaise !*

Ah ! plus *d'armées permanentes !* Eh bien ! on sait ce que cela coûte d'avoir les Prussiens sur le dos ! Tout de même si en 1869 on avait organisé la mobile (qui est-ce qui n'a pas voulu ? — Les républicains) ; si on avait eu une bonne armée *perma-*

nente (comme ils disent si bien), on aurait peut-être fait toute autre chose que de perdre deux provinces et une dizaine de milliards. Il faut dire qu'on n'aurait probablement pas eu Gambetta pour faire tant de brioches! Mais des armées permanentes, c'est pour le pays un bon gourdin dans la main de celui qui voyage la nuit au milieu des bois. C'est peut-être un peu lourd à porter, mais ça donne de l'assurance, et c'est une bonne précaution.

7° *L'instruction* LAÏQUE, *gratuite et obligatoire* ; mais triple imbécile, pourquoi l'instruction uniquement *laïque?* Si je connais un curé ou un frère, savant, intelligent et capable, est-ce que je n'aurai pas le droit de lui confier mon enfant?

Pourquoi *gratuite?* Qui est-ce qui paiera le maître d'école, puisque vous ne voulez pas d'impôts. S'il n'y a pas d'impôts, si le gouvernement n'a pas le sou, il ne pourra pas payer les instituteurs. Est-ce que ces braves gens vivront d'air et d'eau fraîche? Et alors si je dois les nourrir, l'instruction n'est plus *gratuite!*

Et *obligatoire!* Ça, il y a du bon; tout

en faisant un peu d'attention cependant aux capacités d'un chacun. Je connais un brave garçon, rude piocheur aux champs, qui sait signer son nom à dix-sept ans ; on n'a rien pu lui apprendre de plus. C'est un honnête jeune homme qui gagne ses trente-cinq sous par jour et soutient son vieux père infirme. Faudrait voir qu'on le force à aller passer son temps sur les bancs de l'école ! Il y resterait jusqu'à trente ans qu'il n'en saurait pas davantage, et en attendant, qui est-ce qui nourrirait donc son père ?

Voilà toutes les sottises que ces gens-là rêvent, et pour les faire passer plus facilement, ils les saupoudrent de ces trois mots ronflants : *Liberté, Égalité, Fraternité.*

Liberté de vous taire, sinon on vous met la main au collet (comité de salut public).

Égalité à la mode républicaine. Allez-y voir si Gambetta prenait un fusil pendant la guerre, quand il ordonnait les levées en masse des mobiles et des mobilisés.

Fraternité ! souvenez-vous des chaussures de carton qui enrichissaient les fournisseurs de la République et faisaient mourir de froid nos soldats. Souvenez-vous des généraux Lecomte et Clément Thomas et du fameux : « *Fusillez-moi ces gens-là !* »

Voulez-vous maintenant savoir ce que veut être Gambetta ? Rien de si simple.

Il ne vise ni plus ni moins qu'à prendre la place du maréchal. C'est si clair qu'au 15 mai ils n'ont pas même pris la peine de masquer leur jeu, et sans la répugnance qu'on éprouve naturellement à ce nom de Gambetta, qui rappelle trop l'invasion et les folies de la guerre à outrance, ils n'auraient jamais songé à jeter le bonhomme Thiers en avant.

D'abord, il est certain pour tout le monde que les 363, et Gambetta leur chef, font tout pour amener le maréchal à quitter la place. Ils le disent hautement ; le jour de l'Assomption, Gambetta terminait encore son discours à Lille en laissant entendre que les 363 triompheront et que le maréchal devra bien alors ou se *soumettre* ou se DÉMETTRE. Or, comme ils savent bien que le maréchal ne se soumettra ni à Gambetta, ni aux 363, ce qui serait la même chose, ils veulent dire par là que le maréchal devra quitter la place.

Eh bien! l'homme le voilà. On pourrait peut-être ajouter quelques mots sur sa fortune, mais j'en ai dit assez déjà là-dessus. Il faut savoir ne pas se compromettre; on me comprend; cela suffit.

Jean Bonhomme.

9 782014 044683